Mia veut un cowboy, mais Bill lui…ouf !

Johanne Landers

MIA VEUT UN COWBOY, MAIS BILL LUI…OUF!

Jlprudhomme@msn.com
http://jlprudhomme.wix.com/johanne-landers
http://facebook.com/johanne.landers

Mia venait d'emménager dans sa nouvelle maison, seule. Elle avait finalement fait le grand saut, elle avait quitté Jeff. Depuis deux ans qu'elle lui disait de se faire soigner. Il était devenu alcoolique. Il n'y avait rien à faire, il disait être bien et ne pas avoir besoin de rien changer à sa vie.

Elle se sentait bien avec sa décision, mais elle avait des rêves encore. Elle aimait son nouveau travail, elle était vétérinaire depuis quatre ans maintenant. Elle avait terminé son installation dans sa nouvelle maison, sa voiture était payée. Être seule par contre lui était difficile, elle avait tant d'amour à donner, elle voulait des enfants, une famille avec qui partager.

Elle devait prendre sa vie en main et se permettre de faire des choses avant de trouver quelqu'un. Jeff et elle s'étaient rencontrés quand ils étaient à la fac. Tout allait bien jusqu'à ce que Jeff boive de plus en plus.

À la mort de ses parents, Mia avait hérité d'une très belle fortune. Alors elle décida de recommencer sa vie avec un voyage qui lui ferait le plus grand bien et elle était pour profiter de celui-ci pour essayer de transférer son cabinet de travail à un endroit où elle pourrait travailler sur autre chose que des chiens et des chats. Elle voulait des chevaux, elle en rêvait depuis toujours.

— Mia, tu m'écoutes?

— Oh! Désolé, j'étais dans la lune.

— Tu peux prendre un chien en urgence, il est blessé à une jambe.

— Oui, ajoute-le sur mon heure de lunch.

— Bien. Je reviens pour savoir à quoi tu rêvais.

— Ah! Ah! Ah!

Quelques minutes plus tard, Nadia était fidèle au poste et bombardait son amie de questions.

— Dis-moi à quoi tu rêvais.

— Oh! Toujours à la même chose. J'aimerais tellement travailler avec les chevaux et en posséder.

— Tu n'aurais pas rêvé à un cowboy aussi.

— Tu es incorrigible.

— Avoir des chevaux est beaucoup de travail, tu auras besoin d'aide…alors il serait préférable que tu le choisis par rapport à son allure. Bien bâti, beau garçon, des beaux yeux.

Mia ferma les yeux et pinça les lèvres.

— Je crois que je vais devoir t'engager pour me trouver de l'aide.

— Partante.

Mia s'installa devant un film après avoir pris un bain. Elle ne regardait plus le film, elle rêvait d'un beau cowboy. Elle se leva subitement et ferma la télévision pour aller se coucher.

— Ah! Cette Nadia me fait rêver.

Quelques jours plus tard. Elle sortait avec des amies. Elle devait se préparer. Kate devait passer la chercher. Elles allaient souper et ensuite se rendre en boîte pour danser comme chaque samedi.

— Tu viens danser Mia?

— Non merci John, pas ce soir, je ne me sens pas bien.

— Tu ne te sens pas bien?

— Ah! Ce n'est pas ça Kate, j'ai la tête qui n'arrête pas de penser. J'ai les idées ailleurs.

— C'est Jeff?

— Non, pas du tout. C'est drôle, mais je ne le manque pas. Je crois que j'ai une autre destinée dans la vie. Je ne me sens plus à ma place ici.

— Que veux-tu dire?

— Je ne sais pas. C'est ce que je veux et que j'ai toujours voulu secrètement qui est revenu me hanter.

— Ah bon!

— Je crois que je devrais m'allouer des vacances pour commencer.

— Il serait temps pour ça Mia. Où veux-tu aller?

— J'aimerais visiter le Texas.

— Pas encore tes cowboys!

Mia sourit à Kate.

— Arrête Kate, tu sais bien que je les aime mes cowboys. C'est sure que s'il m'en tombait un dans les bras…je lui ferais très plaisir.

Elles rirent. Mia trouvait toujours un film de cowboy quand son tour arrivait pour choisir un film pour la soirée.

Deux semaines plus tard, Mia s'embarquait pour Dallas pour sa première semaine et ensuite elle devait rencontrer un vieux vétérinaire à Palacios qui aspirait prendre sa retraite, mais ne voulait pas le faire avant de trouver un remplaçant.

En sortant de l'aéroport, Mia alla se louer un véhicule utilitaire et se rendit à l'hôtel. Elle était déçue, personne dans cette ville ne ressemblait aux cowboys qu'elle avait en tête. Ce qu'elle avait en tête était un homme avec de beaux pectoraux, le corps en sueur après le travail et de beaux yeux perçants qui ne regarderaient qu'elle. Elle sortit son ordinateur portable et fit quelques recherches pour enfin trouver trois rodéos qui devaient avoir lieu près de Dallas dans la semaine à venir.

— Super! Là c'est inévitable, je devrais voir de vrai cowboy.

Elle décida de sortir un peu pour voir les boutiques qui étaient sur la même rue que son hôtel. Elle s'arrêta devant une boutique de bottes de cowboy. C'est la seule chose que cette boutique vendait.

— ''Ça doit être la vraie boutique pour acheter des bottes et si je veux me présenter dans un rodéo, je dois avoir mes bottes''.

Elle entera et regardait toutes les bottes. Elle était émerveillée par les motifs, la qualité du cuir, les couleurs.

— Bonjour, je peux vous aider?
— Bonjour, oui. J'aimerais des bottes s'il vous plaît. Mais je n'ai aucune expérience dans le domaine.
— Très bien. Vous avez regardé les modèles? Vous avez une marque que vous aimeriez, une couleur?
— Hum...j'ai besoin des bottes de cowboy pour...pour faire du cheval et travailler dans un ranch.
— Bien. Alors nous allons éliminer ces modèles et vous devriez trouver ce qui vous plairait dans ceux-ci.
— Merci je vais en choisir quelques modèles.

Mia n'avait jamais essayé des bottes de cowboy. Elle les aimait tous. Elle fit singe à la vendeuse pour essayer les modèles qu'elle avait choisis. Celle-ci lui fit signe de patienter un instant.

Un bel homme entra dans la boutique. Il était grand, cheveux blonds, il portait un costume deux pièces et…de très belles bottes de cowboy. Elle imagina immédiatement en jeans avec chemise semi-ouverte avec un chapeau de cowboy sur un cheval, chevauchant avec elle.

La serveuse l'ignora complètement pendant plusieurs minutes. Elle s'occupait exclusivement de lui. Mia était un peu jalouse, elle aurait voulu être la vendeuse.

— ''Bon, ma jolie. Je suis ici moi et j'étais là avant lui non! Lâche de le draguer et viens me servir''.

Le bel homme lui sourit.

— ''Oh merde! Quelle beauté! Je pourrais me le faire celui-là avant un beau cowboy''. Écoutez, je ne veux pas être rabat-joie, mais j'étais bien ici avant monsieur.

L'homme arqua les sourcils et fit signe à la vendeuse.

— Très bien, désolé. Montrez-moi les modèles que vous avez choisis.

Mia lui montra les deux modèles qu'elle avait choisis.

— Vous m'assurez que ses modèles sont recommandés pour l'équitation et le travail dans un ranch?

— Oui madame.

La vendeuse partie vers l'arrière-boutique et Mia se sentait ridicule tout à coup. Elle sentait qu'elle devait s'excuser auprès de l'homme.

— Bonjour.
— Bonjour.
— Je suis désolé pour ce que j'ai fait. Je n'aurais pas dû. Je crois que vous lui êtes tombé dans l'œil et elle m'a complètement oublié. Elle ne voyait plus que vous.

Bill sourit.

— Non, c'est moi qui suis désolé. Je croyais que vous aviez déjà fait votre choix.

— Je lui avais fait signe pour mes choix justes avant que vous entriez dans la boutique, mais à la minute où elle vous a vu, je n'existais plus.

Il était beau à tomber par terre. Elle vit qu'il avait les plus beaux yeux bleus éclatants qu'elle ait pu voir dans sa vie. Malheureusement, pas un cowboy. Étrangement, ses bottes lui allaient bien, même s'il était en complet.

— Voici madame.

Elle retourna à son siège pour en faire l'essayage.

— Elles vous vont bien.

— Oh! Merci. Les vôtres sont très belles. Je n'en vois pas d'aussi belles du côté des femmes.

— Ce sont des modèles faits sur mesure.

— Oh! Ils vous vont bien.

Il alla dans un coin à l'arrière du comptoir et revient avec une paire qu'elle n'avait pas vue.

— Vous devriez essayer ce modèle. Il vous irait bien.

— Vous croyez? Elles sont effectivement beaucoup plus jolies.

— Je crois que c'est votre pointure.

— Oui.

— Venez, je vais vous aider.

Mia le regarda se pencher pour lui mettre les bottes. Il était si doux. Il la regarda dans les yeux et lui sourit de ce sourire angélique qu'aucune femme sensée ne pourrait résister en plus qu'elle pouvait sentir son parfum qui l'enivra complètement.

— Elles sont merveilleusement confortables aussi. Je vous remercie, c'est très gentil de votre part.

— C'est un plaisir mademoiselle. Vous savez, ici vous pouvez laisser vos bottes et nous les travaillerons pour qu'elles soient parfaites. Elles seront encore plus confortables. Vous pourriez repasser les chercher demain à 18h00.

— Je vois que vous vous y connaissez. Vous êtes un client régulier?

— Oui, si on veut.

— Très bien j'accepte.

Il apporta les bottes au comptoir pendant que Mia remettait ses escarpins. Il indiqua à la vendeuse de faire le nécessaire pour les bottes de Mia. Il lui indiqua un nouveau prix de vente ridicule et lui dit de garder ses bottes. Il reviendrait les prendre le lendemain.

Bill se retourna et la salua avant de disparaître. Elle paya ses bottes et reviendrait le lendemain.

En arrivant à la boutique le lendemain, le bel homme était là.

— Bonjour.
— Bonjour, vous venez reprendre vos bottes?
— Oui.

Mia regarda la vendeuse et lui demanda si elles étaient prêtes.

— Oui, je vais vous les chercher.
— Désolé, je ne me suis pas présenté hier. Je m'appelle Bill.
— Moi c'est Mia.

Il lui serra la main et Mia pouvait sentir la chaleur corporelle de son corps.

— C'est un plaisir de vous revoir. Écoutez Mia, il y a un restaurant de l'autre côté de la rue, vous voulez venir avec moi?

Mia se mit à penser. Il n'était pas vraiment ce qu'elle recherchait, mais elle devait s'avouer qu'il était à croquer. À quoi bon, elle devait partir dans quelques jours pour Palacios''?

— Désolé, je n'ai vraiment pas beaucoup de temps. Je dois me préparer pour demain, je dois prendre la route en matinée.

— Ce n'est pas grave. J'ai eu grand plaisir à vous rencontrer Mia. Bonne soirée.

— Merci, vous aussi Bill.

Elle avait regretté ne pas avoir accepté l'invitation aussitôt qu'elle le vit partir. Elle ne pensa qu'à lui toute la nuit. Ses bagages pour la journée étaient prêts. Elle devait conduire pendant quatre heures pour atteindre son premier rodéo. Elle était excitée juste à y penser.

Elle s'aperçue assez vite que voyager seul n'était pas la manière qu'elle aurait une chance de rencontrer son cowboy. Quelle bêtise elle avait faite de ne pas accepter l'invitation de Bill. Elle avait aimé participer aux rodéos, mais être resté à Dallas tous les jours lui aurait peut-être apporté une belle aventure avec Bill qu'elle n'aurait pas regretté. Aujourd'hui Mia partait pour son dernier rodéo pour ensuite continuer à Palacios. Le rodéo qu'elle devait assister aujourd'hui n'était pas très loin de sa destination finale.

Bill devait encore se taper deux jours de réunions et ensuite il pourrait rentrer chez lui au ranch rejoindre ses frères pour faire l'achat de nouveaux chevaux. Bill savait déjà lequel il voulait pour lui et sa filleule.

Bill était actionnaire majoritaire dans une multinationale et ne pouvait être absent pour ces réunions mensuelles. Il s'arrangeait toujours pour concentrer toutes ses réunions dans la même semaine pour pouvoir passer le reste du mois au ranch. Pour le reste du mois, tout pouvait se faire de chez lui.

Il repensa à Mia. Elle était très jolie avec sa crinière noire et ses yeux noisette. Mais c'était une bonne chose qu'elle a refusée. Elle n'était pas vraiment son type de femme. La seule chose qu'il voulait d'elle, c'était la mettre dans son lit et lui faire tous les petits plaisirs de chairs.

— ''Hé voilà! Pas de sexe pour toi ce soir Bill. Tu n'as pas misé sur la bonne''.

Mia s'installa dans les gradins. Celui-ci était plein à craquer. Elle n'arrivait pas à profiter pleinement du spectacle. Elle voyait beaucoup de beaux cowboys, mais ses pensées retournaient constamment vers Bill en costume deux pièces. Pas exactement le cowboy qu'elle s'attendait à mettre dans son lit.

Un vieil homme s'approcha d'elle et l'importunait de plus en plus. Il pouvait sentir son haleine. Il pestait l'alcool. Elle s'excusa auprès de lui et décida de se rendre aux toilettes et se prendre quelque chose à manger pour ensuite changer de place. Une fois bien installé, elle s'aperçu que le vieil homme revenait vers elle.

— Merde! Faites qu'il ne revienne pas s'asseoir près de moi''.

— Hé! T'as changé de place?

— Désolé. Je ne voyais pas bien de cet angle.

Le jeune homme assis de l'autre côté d'elle se pencha pour regarder le vieil homme et lui fit de gros yeux.

— Jaig, tu fiches la paix à la demoiselle comprise.

— Tu es toujours gentil pour ton âge à ce que je vois.

— Jaig, va te rasseoir où tu étais.

Jaig repartit.

— Merci. J'apprécie ce que vous avez fait.

— Ce n'est rien m'dame. On le connait tous par ici. Il va se tenir à carreaux maintenant.

Le reste du rodéo se passa bien. En se rendant à sa voiture, Jaig allait vers elle.

— Hé! Ma belle dame. Vous n'êtes pas d'ici hein?

Elle décida de continuer son chemin en l'ignorant, mais il la rejoignit en quelques enjambées.

— C'est bien à vous que je parle. Je mettrais ma main au feu que vous êtes descendu au Luther Hotel? C'est pas mal le seul que nous avons ici.

Elle accéléra le pas jusqu'à sa voiture. Arrivée à l'hôtel, elle préféra en glisser un mot au propriétaire. C'était un petit hôtel très chaleureux, mais comme Jaig lui avait mentionné, c'était le seul hôtel du coin.

— Savez-vous comment il s'appelle?

— Oui, le jeune homme l'a appelé Jaig.

— Ne vous inquiétez pas, mademoiselle. On connait tous Jaig ici. C'est vrai qu'il boit un peu trop par moment. Mais je vous rassure tout de suite, il n'est pas méchant et je serais très surpris qu'il vous rende visite ici.

— Merci, cela me rassure.

Mia alla s'installer dans sa chambre. C'était coquet, un peu rustique, mais très propre. Elle décida de prendre son repas à la salle à manger de l'hôtel pour ce soir et elle allait préparer ses choses pour la visite qu'elle devait rendre au Dr Mills le lendemain. Il lui avait demandé si elle n'avait pas d'objection de passer une semaine dans les environs pour qu'il puisse l'amener avec elle sur différentes fermes où il allait régulièrement. Mia avait trouvé l'idée géniale.

Jaig décida quand même de rendre visite à la belle demoiselle. C'était facile de trouver sa chambre. Il avait vu son véhicule et il y avait cinquante pour cent des chances pour que son véhicule soit stationné en face de sa chambre et ceux du bas avaient tous une porte-jardin.

Il était 2h30 du matin quand il cogna doucement à sa porte-jardin. Mia s'éveilla, mais attendit de voir si c'était bien à sa porte qu'on frappait.

— Ma belle dame, ouvrez-moi. Nous allons discuter.

— Partez. Je ne vais pas vous ouvrir.

Il cogna de plus belle et de plus en plus fort. Le propriétaire vint lui parler, mais Jaig ne voulait rien entendre. Il appela le Shérif Mills.

— Bonjour Cathy, Cliff est là ce soir?

— Oui, mais il est occupé sur une grosse accident de la route. Ça pourrait même être long avant qu'il vous rappelle.

— Hum. Tu pourrais m'envoyer un autre officier, car Jaig fait des siennes ici et il importune une de mes clientes?

— Impossibles, ils sont tous avec Cliff. Je vous suggère d'appeler son frère, il pourra peut-être faire quelque chose pour vous le temps que Cliff se libère.

— Très bien, c'est ce que je vais faire.

Le propriétaire se résigna à appeler Willy.

— Salut Willy, c'est Mark. Je ne voulais pas te déranger, mais ton frère est ici à importuner une de mes clientes. Tu crois que tu pourrais lui parler si j'arrive à lui faire prendre l'appel?

— Il est devenu fou ou quoi? Je vais t'envoyer Cliff.

— Impossibles, ils sont tous occupés avec un accident de la route. En plus, d'après ce que j'ai pu comprendre, elle est ici pour faire un essai pour remplacer Jordon. Si on veut avoir des chances de la garder comme vétérinaire, on doit s'en occuper et vite.

— Appelle-là et dis-lui de faire ses bagages, je vais l'héberger ici. Pour combien de jours sera-t-elle ici?

— Elle a dit vouloir commencer avec une semaine.

— Bon, je te paierai la semaine et rend-lui son argent. Explique-lui qui je suis et je vais envoyer Caleb la chercher.

— Bien.

Mark discuta avec Mia et elle sentait qu'elle serait plus en sécurité chez M. Mills d'après les explications de Mark et de sa femme. Ils leur avaient expliqué que Cliff était le Shérif de la région et qu'il était le fils de Willy Mills et que Jaig était le frère de Willy, mais que celui-ci savait très bien de ne jamais remettre les pieds au ranch Mills.

— ''Belles vacances Mia. Félicitation, ton cowboy manqué est à ta porte''.

Mia n'avait pas vraiment l'intention d'aller s'installer au ranch Mills, mais la situation actuelle n'était pas la meilleure. Elle fit ses bagages à la hâte et attendit. Elle entendit des hommes discuter. Elle ne voulait pas regarder. Puis on frappa de nouveau à sa porte.

— Partez. Je ne vous ouvrirai pas Jaig. Partez.

— Ce n'est pas Jaig madame. C'est mon père qui m'envoie vous chercher.

Mia alla ouvrir la porte.

— Ah! C'est vous!

— Oui m'dam. Si j'avais su que Jaig viendrait vous importuner jusqu'ici, j'aurais appelé mon frère pour qu'il le boucle pour la nuit. Je suis vraiment désolé pour ça.

— Croyez-vous qu'il va revenir?

— Je ne le sais pas, mais mon père préfère vous héberger au ranch. Ce sera plus sûr.

— ''Hum…un ranch. C'est quand même une partie de ce que je veux. Ce garçon est très beau, mais malheureusement beaucoup trop jeune''. Bon, je ne suis pas vraiment à l'aise d'habiter chez des gens que je ne connais pas.

Il allongea la main et se présenta.

— Moi c'est Caleb Mills m'dam. Ne vous inquiétez pas, nous ne vous dérangerons pas. Mon père m'a dit que vous étiez ici pour peut-être remplacer Jordon?

— Oui, peut-être.

— Si je reviens sans vous, mon père sera très déçu.

— Je sais, je sais, le propriétaire m'a dit tout ça. Bon, très bien. J'irai pour cette nuit et je partirai demain dans la matinée.

— Parfait. Je peux prendre vos bagages?

— Oui, ils sont tous là.

Mia s'installa dans le camion de Caleb.

— Ce n'est pas très loin d'ici. Pour ce soir, vous occuperez la chambre de mon frère et demain, si jamais vous restez, nous ferons préparer une autre chambre pour vous. Et je vous le répète, ce sera un grand plaisir de vous garder pour la semaine.

— Merci Caleb. Vous êtes très gentil avec moi.

— Cela fait très plaisir à mon père et Jordon est son ami. En plus nous ne pouvons pas rester sans vétérinaire, c'est impossible, il y a tellement de bétail par ici.

— À cause de cette espèce de fou, j'ai l'impression d'avoir dérangé la ville entière. Je suis le centre de ce désastre. Oh! J'ai oublié de me présenter à toi. Je suis le Dre Mia Wall.

Il souriait, il n'osait plus lui dire que Jaig était le frère de son père.

— Vous serez bien chez nous Mia. Vous n'aurez rien à faire, juste à vous concentrer sur vos visites avec Jordon.

— Oui, merci encore.

Il mit la main sur celle de Mia et lui sourit.

— Cessez de vous en faire. D'où venez-vous Mia? Vous permettez que je vous appelle Mia?

— Oui certainement. Je suis de New York.

— D'après Mark, vous arriviez de Dallas. Vous étiez en vacances là où vous deviez rencontrer une autre personne pour un poste de vétérinaire?

— J'ai déjà un cabinet à New York. J'avais pris une semaine à Dallas avant de venir ici. Je voulais vraiment assister à des rodéos. Les chevaux m'ont toujours attiré.

— Vous allez être au bon endroit. Nous en avons soixante-huit au ranch.

— Soixante-huit!

— Oui. Aimez-vous monter?

Mia se sentit soudain très ridicule. Elle fit une grimace et lui répondit à contrecœur.

— Je n'ai jamais monté.
— Si vous le voulez bien, nous rectifierons la situation demain avant votre rencontre avec Jordon.
— J'adorerais, mais je ne voudrais pas vous faire perdre votre temps Caleb.
— Sans problème. À la maison, nous montons chaque matin.
— Vous avez du bétail aussi?
— Oui, ceux-là c'est mon frère qui garde le compte. Je ne pourrais vous dire combien nous en avons.

Caleb prit le tournant et Mia vit l'enseigne qui pendait à l'entrée du ranch. MILLS' RANCH. Quand elle aperçu la maison, elle en resta sans mot.

— Vous aimez?
— Quelle belle demeure!
— Demain je vous ferai visiter. Pour ce soir, je vous laisse dormir.
— Merci.

Il la fit entrer et la dirigea directement vers sa chambre.

— Mon père est retourné au lit après m'avoir envoyé vous chercher. Il est âgé et n'est plus aussi…

— Ce n'est rien Caleb, je comprends. Ne vous en faites pas.

— Très bien. Je vous laisse pour ce soir et si vous avez besoin de quoi que ce soit, ma chambre est juste à côté de la vôtre.

Mia regarda la chambre. Elle était très spacieuse et des plus masculine. Il y avait une salle de bain personnelle et au pied du lit un feu pétillait dans la cheminée. La couverture de lit la fit rire, c'était des bottes de cowboy.

— ''Qui peut bien vouloir avoir une couverture comme cela?''

Cela lui fit penser à Bill, elle avait vraiment beaucoup de regret de ne pas avoir accepté cette invitation.

— ''Je crois que je vais le regretter longtemps cette erreur.

Elle finit par se rendormir assez vite. Caleb l'avait mise en sécurité pendant le trajet. Le lendemain, elle s'aperçu qu'elle avait une salle de bain directement dans la chambre.

— ''Dieu merci! Je n'aurais pas voulu faire toutes les portes pour trouver la salle de bain''.

Elle se doucha, s'habilla et mit ses belles bottes tout en pensant encore une fois à Bill et son erreur. Elle descendit et trouva la cuisine sans problème.

— Bonjour Mia.

— Ah! Bonjour.

— Je suis Martha. Vous avez bien dormi?

— Oui, très bien. Je peux prendre un café?

— Asseoyez-vous et je vais vous servir. Voudriez-vous des œufs, jambon, saucisse ou bacon avec des toasts pour déjeuner?

Mia arqua les sourcils.

— Non, un café seulement. Je vous remercie.

— Très bien. Willy est au salon, il aimerait vous parler quand vous serez prête.

— Je peux apporter mon café au salon?

— Oui, sans problème.

Tout dans ce ranch semblait authentique et merveilleusement bien préservé. Mia était impressionnée. Willy se leva pour venir à sa rencontre...

— Bonjour Mia, je suis Willy Mills.

— Bonjour Willy, merci de m'avoir sauvé cette nuit. Vous avez une merveilleuse maison.

— Merci. Elle est dans la famille depuis cent vingt-deux ans. Vous avez bien dormir dans la chambre de Billy? Ce soir vous aurez votre chambre, Martha va la préparer.

Mia repensa à la couverture et se pinça les lèvres pour ne pas rire.

— Très bien M. Mills.

— Appelez-moi Willy.

— Bien Willy. Aussi je voulais vous dire que j'étais désolé de toute cette situation. Si ça n'avait pas été de cet ivrogne de fou.

Willy fit une grimace.

— Hum, je dois vous dire que c'est mon jeune frère. Nous avons tout fait pour l'aider, mais il n'y a rien à faire...il retombe inévitablement dans l'alcool.

Mia rougit. Elle était très mal à l'aise d'avoir dit ce qu'elle venait de dire.

— Ah! Je suis désolé. Je..je…

— Ne le soyez pas Mia. Oubliez cet incident et restez ici au Ranch pour vous amuser un peu. Caleb me disait que vous vouliez faire du cheval?

— Je ne voudrais pas gâcher son temps. Je suis certaine qu'il est très occupé sur le ranch.

— Oui, mais nous avons des employés et Caleb n'est ici que pour les vacances. Ensuite il retourne à l'université.

— C'est très gentil à vous.

— Il vous amènera partout où vous voudrez.

Un grand homme entra dans le salon avec sa tasse de café. Elle le reconnut à son uniforme. C'était le Shérif…Cliff. Mia resta soudainement bouche bée. Quelle coïncidence, il avait les mêmes yeux bleu éclatant comme Bill. Peut-être que c'était typique dans la région.

— Bonjour Mia. Désolé de n'avoir pu me rendre vous porter secoure hier.

— Ne parlons plus de ça mon garçon.

Il s'avança vers elle et allongea la main. Elle lui serra la main et lui sourit.

— Je suis Cliff.

— Mia restera ici le temps de son séjour dans la région. Si elle doit se déplacer, Caleb ira avec elle jusqu'à ce que tu puisses mettre la main sur Jaig et lui parler sérieusement. Sinon, fais-le enfermer encore.

— Je l'ai mis au cachot cette nuit. Après avoir entendu parler de ce qu'il avait osé faire, il mérite quelques nuits. Malheureusement, d'après la loi, je dois le laisser sortir après cela.

— Bien vu. Pourrais-tu faire visiter la maison à Mia et l'amener à l'écurie ensuite, Caleb l'attend.

Cliff fit visiter la maison à Mia. Ensuite il l'invita à se rendre avec lui à l'écurie où Caleb travaillait avec les chevaux. Celui-ci avait tout préparé pour leur balade.

— Hé! Bonjour Mia. Vous avez bien dormi?

— ''Ils semblent tous s'inquiéter à savoir si j'ai bien dormi''. Oui très bien Caleb.

— Salut Cliff. J'ai su que tu as eu une nuit agitée.

— Salut p'tit frère. Oui et toi aussi.

Ils se sourirent.

— Vous êtes prête pour monter à cheval Mia?

— Oui, j'ai tellement hâte.

— Cliff, Mia est vétérinaire.

Cliff regarda Mia avec surprise. Personne n'avait eu le temps de l'aviser. Il croyait qu'elle était la petite amie de Caleb.

— C'est papa qui a dû être content d'apprendre cela.

— Pourquoi? Votre père a besoin d'un vétérinaire?

Caleb pouffa de rire.

— Caleb, franchement qu'est-ce qui te prend.

— Désolé Mia, c'est la manière dont vous l'avez dit. C'est parce qu'hier mon père était fâché contre moi et il a dit que j'avais un caractère de chien…alors.

Mia et Cliff souriaient.

— Bon, je clarifie pour mon jeune frère. Est-ce que les animaux ici ont besoin d'un vétérinaire?

Cliff arqua les sourcils en direction de Caleb pour lui spécifier d'arrêter de se moquer.

— Aucune urgence pour l'instant. Mais Jordon passe ici deux fois par mois régulièrement. Avec tous les animaux que nous avons. Il n'y a que lui dans la région. Les autres peuvent venir, mais ils prennent des heures à arriver. Ce n'est pas trop pratique pour les urgences.

— Je vois. Vous pourriez faire appel à certaines universités pour leur faire savoir que le besoin est là. Ils informent tous les étudiants concernés.

— Nous y avons pensé, mais quand ont connait les environs et les animaux sur lesquels nous travaillons, c'est plus facile.

— D'après moi Cliff, tu ne travaille sur aucun animal, pour les soigner je veux dire.

Cliff leva les yeux au ciel.

— Caleb, je n'ai que répété les paroles de Jordon.

— Ah!

Ils faisaient sourire Mia. Il y avait une certaine complicité et respect entre eux.

— Pour conclure, mon père va vous traiter comme une princesse.

— Oui, surtout qu'il lui a même donné la chambre de Billy cette nuit.

— Vous croyez que Billy sera très fâché?

— Non, il est juste un peu plus grognon que nous deux. Mais il est très respectueux. Nos parents nous ont bien élevés.

— Tu viens avec nous Cliff?

— Non, je dois dormir un peu et Fanny viendra me rejoindre ensuite.

— ''Hé voilà pour moi, un trop jeune et un qui est déjà prit. Aussi bien profiter du cheval dans ce cas''.

Caleb fit faire le tour du ranch à Mia. Ils rencontrèrent des travailleurs que Caleb s'empressa de lui présenter. Finalement, vers la fin de l'après-midi, Cliff et Fanny les rejoignirent.

— Caleb, tu crois qu'on peut galoper comme eux?

— Non, pas pour votre première promenade et en plus j'ai déjà très exagéré. Nous devons rentrer si vous voulez encore marcher demain.

— Mais ce n'est pas si mal. Nous avons fait beaucoup d'arrêts.

— Oui, mais quand même. Vous allez devoir prendre un bain chaud.

— Ah bon! C'est toi qui es l'expert dans ce domaine Caleb.

Finalement elle resta au ranch pendant cinq jours. Willy l'adorait et elle aussi les adorait tous.

— Mia, promettez-moi de revenir et si jamais vous voulez vous installer dans la région et prendre le poste de Jordon, je vous aiderai et aussi vous pourrez habiter ici sans problème.

— Merci Willy. Vous avez été tous très bons avec moi.

— Si vous revenez, vous aurez peut-être la chance de rencontrer mon autre garçon Billy.

— Oui, je vous promets d'essayer de revenir si je ne prends pas le poste. J'ai besoin de réfléchir. Ce sera un gros changement pour moi.

— Oui, je comprends, mais n'oubliez surtout pas que nous vous aiderons.

Mia retourna passer une nuit à Dallas avant de reprendre l'avion pour retourner chez elle.

Mia retourna avec regret à son cabinet, avec ses chiens et ses chats.

— Bonjour Nadia.

— Ah enfin Mia! Dis-moi tout. Comment a été ton voyage et ton entrevue?

— Tout s'est très bien passé, mais je dois réfléchir avant d'accepter ce poste. Ce sera un changement de vie dramatique.

— Tu as trouvé ce que tu cherchais?

— Hein?

— Un cowboy.

— Ah! Que tu es drôle! C'est vrai que c'est un de mes fantasmes, mais non. Les plus raisonnables et beaux étaient déjà engagés et j'ai bien vu un homme qui m'aurait intéressé, mais j'ai été ridicule et j'ai refusé son invitation à souper.

— Il était beau? Un vrai cowboy?

— Non, je l'ai rencontré à Dallas. La seule chose qu'il avait d'un cowboy était ses bottes.

— Seulement que les bottes?

— Hé oui. Mais il était beau comme un dieu. Tu sais plus j'y pense, un homme aussi beau ne peut être seul. Il a dû avoir une femme qui l'attendait quelque part. Bien, j'aime mieux me dire cela que de me dire que j'ai peut-être manqué ma chance avec lui. Les plus beaux cowboys que j'ai vus sont Caleb qui était trop jeune, Cliff qui était déjà engagé et Bill qui n'avait que les bottes.

— Que tu es bête!

Elles partirent à rire.

Trois mois plus tard, elle pensait toujours au ranch de Willy et à son beau Bill de Dallas.

— Mia, tu es encore dans la lune. Tu es certaine d'aller bien? Madame Joes dit ne pas pouvoir venir avec son chien, mais qu'il ne semble pas bien aller.

— Bon, dis-lui que je vais passer après le travail. Prends ses coordonnées. J'ai l'impression que son chien attend qu'elle meure pour pouvoir partir à son tour.

— Très bien.

Son assistante prit le téléphone sur le bureau de Mia et l'avisa.

— Mia.

— Oui.

— Depuis ton retour du Texas, tu n'es plus pareille. C'est ce Cliff qui te trotte dans la tête encore?

— ''Ah merde!'' Non, c'est un cowboy trop vieux, trop jeune, trop pris et un beau Bill que je ne reverrai jamais.

Mia arqua les sourcils.

— ''Et si j'allais de nouveau dans cette boutique''.

Elle sauta sur sa bourse pour sortir le numéro de Willy. Mais elle ne savait plus si elle devait aller au ranch directement ou passer par Dallas. Les chances de revoir Bill étaient minimes quand même.

— Que fais-tu?
— J'aimerais que tu r'appelles la remplaçante que nous avons utilisée la dernière fois et si elle n'est pas libre, appelle les universités. Je crois que je vais reprendre quelques semaines de vacances.
— Tu veux un associé ou juste remplaçant?
— Tu peux mentionner qu'il y a une grande possibilité d'association à venir dans l'année qui vient et qu'entre-temps, je vais prendre le remplaçant à temps plein.
— Très bien pour toi, je suis contente pour toi. Il était temps.
— Je vais retourner au ranch et si tout va bien, il se pourrait que j'accepte le poste.
— Je te laisse faire ton appel.

Quand Nadia eut fermé la porte, Mia prit des réservations pour Dallas au même hôtel où elle avait séjourné. Elle était pour y passer une semaine pour se donner toutes les chances possibles de rencontrer Bill à nouveau. Ensuite, elle appela Willy.

— Bonjour, je pourrais parler à Willy s'il vous plaît.

— Désolé, il est parti pour la journée. Vous voulez lui laisser un message ou pourrais-je vous aider?

— Oui, je suis Mia.

— Oh! Mia, vous êtes venue il y a environ trois mois. On a beaucoup parlé de vous. Je regrette ne pas vous avoir rencontré.

— Alors vous êtes Billy, c'est ça?

— Oui, c'est moi.

— Pourriez-vous demander à Willy de me rappeler? J'aimerais bien retourner au ranch pour quelques jours. Je voudrais aussi revoir Jordon pour discuter de quelques détails avec lui.

— Écoutez Mia, mon père m'a dit que vous étiez vétérinaire et nous sommes toujours désespérés à l'idée de ne pas avoir de vétérinaire dans la région. Alors je n'ai pas besoin de vous dire qu'il sera très ravi de votre visite. Quand comptez-vous arriver?

— Dans environ une semaine. Vous croyez que cela pourra aller?

— Parfaitement. Vous nous rappellerez pour nous donner votre heure d'arrivée et nous irons vous chercher à l'aéroport.

— Ah! Je dois me rendre à Dallas avant de me rendre au ranch, alors je louerai un véhicule et je m'y rendrai.

— Très bien, c'est comme vous voulez.

Billy se dirigea ensuite vers les écuries. Ses frères l'attendaient pour partir à cheval.

— Papa va être content, sa vétérinaire revient la semaine prochaine pour rencontrer Jordon à nouveau. Elle semblait très enthousiasmée.

— Merveilleux! Il en parle chaque jour.

— Oui et surtout à moi. Je commence à me demander si c'est vraiment un vétérinaire qu'il cherche ou une belle-fille.

Les trois partirent à rire. Ils connaissaient très bien leur père et savaient comme il pouvait être entêté quand il avait une idée derrière la tête.

— Il sera déçu par contre.

— Pourquoi?

— Elle vient dans une semaine et je ne serai pas ici.

— Laisse-le quand même rêver un peu.

— Oui. En plus, je pars demain et je resterai plus longtemps. Je veux rester quelques semaines de plus avec toi Caleb pour m'assurer que tout va bien.

— Tu sais Billy, je ne suis plus un bébé. Je suis un homme maintenant. Je n'ai vraiment pas besoin que tu restes. Merde! J'entre en deuxième année d'université.

— Oui, mais je dois être là. J'ai une surprise pour toi.

— Quoi? Dis-moi.

— Non, ce ne sera plus une surprise Caleb.

— Regarde- moi cet enfant, il dit qu'il n'est plus un bébé, mais il est tout excité et tu aimes bien qu'on paie encore même si tu n'es plus un bébé hein.

— Ah! Ça oui. Bon calmez-vous les vieux.

Mia arriva à Dallas dans la soirée. Le lendemain, elle partit pour une journée magasinage. Elle avait bien t'intension de retourner à la boutique de bottes de cowboy. Elle allait en acheter une autre paire qu'elle garderait propre. Les autres, elle les avait salis en faisant des visites avec Jordon.

En entrant dans la boutique, elle fût déçue. Elle ne le voyait pas. Les chances étaient minces et elle le savait. Elle commença à regarder les bottes qu'elle choisirait et en se retournant, elle se frappa sur un homme et à sa grande joie, c'était Bill.

— Oh! Désolé…Ah c'est vous! Comment vont vos bottes? Vous les aimez, je présume, si vous revenez en chercher une autre paire?

— Oh Bill! Oui, elles sont parfaites. J'ai sali mes autres bottes et je voudrais bien en avoir une paire que je garderais propre.

— Il y en a une très belle paire que j'ai vu et qui serait parfaite pour les sorties. Elles iront tout aussi bien avec des jeans qu'avec une robe.

— Vous avez l'œil on dirait.

— Attendez de les voir. Vous ne les aimerez peut-être pas.

Il alla complètement à l'arrière de la boutique et revient avec les plus belles bottes que Mia n'avait vues.

— Wow! Elles sont magnifiques. Quelle classe ses bottes.

— Vous les aimez? Alors, essayez-les.

— Très bien. Ah! Elles sont parfaites. Du beige et du bleu, elles iront bien avec ma garde-robe.

— Si vous acceptez de coucher…hum… souper…

Trop tard, Mia était déjà debout et elle l'avait giflé.

— Mais…mais qu'est-ce qui vous prends. Je me suis trompé. Si vous ne voulez pas venir souper avec moi, vous n'aviez qu'à dire non. Je suis désolé de m'être trompé. ''Comment je peux être si mal à droit''?

— Imbécile, vous m'avez demandé de coucher avec vous.

Il se sentit rougir et tous les deux regardaient la vendeuse qui lui fit signe que oui. Il se sentit brûlé sur place.

— Je…je suis vraiment désolé Miriam. Je voulais vous inviter à souper, c'est tout. Écoutez, cette boutique est à moi et je suis très sérieux. Je ne peux expliquer ce que je viens de faire, c'est impardonnable.

— Vous pouvez le dire.

La vendeuse s'approcha d'eux.

— Mademoiselle, Bill est très respectable. Je le crois très sincère quand il vous dit que c'est une erreur.

Elle souriait et mis une main sur l'épaule de Bill.

— Vous devriez accepter son invitation. Je
crois que Bill saura se faire pardonner…son
imbécilité.

— Merci Kary. Je vous donne vos bottes…
même si vous ne voulez toujours pas accepter mon
invitation.

Elle le regarda. Le beau regard qu'il avait plus
tôt avait disparu. On pouvait maintenant lire de la
peine dans son regard.

— Très bien, j'accepte. ''Ah merde! Qu'est-ce
que je viens de faire? Quelque chose chez cet
homme m'attire tellement. J'ai quand même
l'impression que je vais m'y brûler''.

Bill la regarda, il était surpris.

— Les bottes et le souper ou juste les bottes.

— Tout.

— Laissez vos bottes ici. Nous les reprendrons
ensuite. Venez, je dois me faire pardonner, je dois
vous amener dans un grand restaurant.

— Bill, je ne suis pas vraiment habillée pour un
grand restaurant. Je crois que le pub qui est dans
l'hôtel de l'autre côté de la rue fera très bien
l'affaire.

— Vous en êtes certaine?

— Absolument.

— Comme vous voulez. Dans ce cas, je vais laisser ma cravate ici, enlever ma veste et je serai plus à mon aise.

— ''Wow! N'enlève pas plus Bill, je ne pourrai plus me contrôler. Il était de plus en plus à croquer ce mec. En plus qu'il voulait coucher avec elle très certainement''.

— Bon, je crois que je suis acceptable.

— ''Tu me le dis''.

Ils sortirent sur le trottoir et Bill mit la main au bas de son dos pour traverser la rue et ensuite il ne l'enleva pas tant qu'ils n'étaient pas assis. Mia sentait sa chaleur qui se transporta rapidement au creux de son ventre.

— Où avez-vous stationné votre voiture?

— Elle est au stationnement de l'hôtel, j'ai pris une chambre ici.

— Ah! Je suis descendu ici aussi.

Ils prirent une consommation et commandèrent un repas léger. Bill lui parla de ses boutiques et comment il avait fait ses débuts. Mia était sur le point de lui dire qu'elle s'appelait Mia et non Miriam et qu'elle était vétérinaire quand le téléphone de Bill sonna.

— Oh! Désolé, je dois prendre cet appel.

— Sans problème.

— Bill, je t'attends toujours. Tu n'as pas oublié j'espère?

Bill s'appuya la tête sur la main en se fermant les yeux.

— Ah oui frérot, j'ai complètement oublié. Reste à la chambre et j'arrive dans quelques minutes.

Il regarda Mia.

— Vous devez partir?

— Oui. Je crois que je n'ai jamais eu de pire journée catastrophique que celle-ci. Vous m'en voyez désolé. J'avais promis à mon jeune frère de lui donner sa surprise ce soir et croyez-moi, il l'attend avec impatience.

— Aucun problème Bill, je dois me mettre au lit de toute façon.

— Si vous voulez, vous pouvez toujours venir avec nous. Je me suis acheté un logement ici et mon jeune frère qui commence sa deuxième année universitaire viendra habiter avec moi. L'an passé il a eu des problèmes avec ses colocataires, alors je me suis dit que nous n'étions pas pour refaire les mêmes erreurs.

— Non, je vous remercie Bill. Je dois vraiment faire des appels ce soir avant de pouvoir me coucher.

— Vous revenez souvent à Dallas?

— Ça se pourrait. Je ne suis pas certaine pour l'instant. Je vais peut-être m'installer dans la région. Je vais monter avec vous et je commanderai de ma chambre.

Bill lui parla de son jeune frère jusqu'à ce que Mia arrive à son étage.

— Voici mon étage.

— Merci d'avoir accepté de souper avec moi, même si je suis un piètre imbécile.

— Oh! Nous ne sommes pas retournés chercher mes bottes.

— Si vous le permettez, je vais aller avec mon jeune frère et ensuite je vous les apporte. Mais nous ne serons pas de retour avant deux heures.

Mia ne répondait pas. Bill décida de descendre avec elle de l'ascenseur.

— Si vous préférez, je peux les laisser à l'administration en bas pour vous.

— ''Finalement, je crois que j'ai bien envie de coucher avec lui. Je m'étais bien dit que je ne voulais pas le reperdre et c'est bien pour lui que je suis à Dallas''. Très bien, je vous attendrai. Chambre 703.

— Bien, je reviens le plus vite possible.

Bill monta à l'étage rencontrer son frère. Ils partirent pour leur visite. Il était impatient de retourner auprès de Miriam. Au retour à l'hôtel, il se doucha et opta pour un jeans et une chemise propre.

— Je sors ce soir. Ne m'attends pas.

— Billy.

— Quoi?

— Tu vas bien? Parce que là, tu achètes un logement pour que je m'y installe et pourtant tu viens encore de me parler comme si j'étais un enfant.

— Bon, je vais rencontrer une femme, ça te va?

Caleb sourit.

— Je le savais.

— Tu sais quoi Caleb? Tu es un enfant…de vingt-quatre ans qui refuse de grandir.

La porte se referma sur Bill. Il descendit au bar et acheta une bouteille de vin. Il frappa à la porte de la chambre de Mia et elle répondit aussitôt.

— Tu as fait vite Bill, à peine une heure.

— Miriam, pourquoi me regardez-vous comme cela? Pour ce qui est de la…Oh merde! Les bottes.

Mia riait à pleine dent.

— ''Cette femme me fait tellement d'effet que j'en deviens fou''.

— Entrez, nous allons boire ce bon vin et je passerai moi-même chercher mes bottes demain.

— Merci.

Il la regarda sortir les verres. Il leur versa du vin et la regarda sensuellement en lui donnant son verre.

— Je crois que tu me rends fou Miriam. Je n'ai aucune autre explication pour agir comme je l'ai fait aujourd'hui. Même mon petit frère m'a trouvé bizarre.

— Je crois que je vais commencer par te dire que mon nom est Mia et non Miriam. Moi aussi tu me fais de l'effet. Je n'ai pas l'habitude de ressentir une telle attirance.

— Mia! ''Comme la vétérinaire de mon père''.

— Oui, Mia.

Il se rapprocha d'elle et déposa leurs verres sur la table et l'embrassa doucement puis mit sa main derrière sa nuque pour pouvoir la rapprocher. Il laissa glisser sa main lentement vers son bassin pour le rapprocher du sien. Elle sentit son désir qui fit brûler le bas de son ventre.

— Tu ne m'as toujours pas dit où tu voulais t'installer dans la région.

Elle ne voulait pas répondre à cette question. Elle savait très bien que ce petit intermède ne serait que d'une courte, très courte période.

— Je crois que nous avons assez parlé pour ce soir et que nous savons très bien ce que nous voulons tous les deux.

Il reprit ses lèvres avec plus de fièvre dans son baiser, il augmenta l'intensité. Il la voulait, maintenant. Deux heures plus tard, ils étaient à bout de souffle. Ils avaient déjà fait l'amour trois fois. Bill ne pouvait se passer de lui toucher, il ne pouvait la sentir loin de lui. Ils s'endormirent dans les bras l'un de l'autre.

Bill se réveilla durant la nuit. Il se leva sans éveiller Mia, car il savait que cela ne devrait pas durer. Elle n'avait pas voulu lui dire où elle devait s'installer, alors il en déduisait qu'elle ne voulait qu'une histoire d'un soir. Il trouvait préférable dans cette condition de repartir pendant la nuit que de rester et s'imposer à elle.

Bill retourna finir la nuit dans sa chambre.

— Billy, pourquoi ne prends-tu pas une chaise et t'installer devant la fenêtre? Cela fait au moins cinquante fois que tu te lèves pour regarder la rue. Qu'est-ce que tu veux voir?

— Rien, rien. Est-ce que tu es prêt? Nous devons faire les magasins pour des meubles et tout ce dont tu auras besoin pour le logement et demain tu iras pour du linge et tes choses qu'il te manque pour l'école. Je dois faire des entrevues aussi pour engager une femme de ménage. Ma secrétaire dit que j'en ai quatre à faire, alors on devrait trouver là-dedans.

— Tu dis une femme de ménage, mais ta secrétaire a peut-être pris des hommes, aujourd'hui c'est comme cela.

— Non petit malin, je sais déjà qu'elles sont toutes des femmes.

Mia s'éveilla.

— ''Il est parti! Il a eu ce qu'il voulait…et moi aussi d'ailleurs. Mais j'aurais aimé me réveiller avec lui. J'aurais dû le savoir, il jouait la comédie. Avec sa beauté, il a dû s'y faire assez vite''.

Elle décida d'appeler Willy et de partir ce matin pour pouvoir passer plus de temps avec eux. Willy était très heureux de cette décision.

Elle passa chercher ses bottes et prit la route pour Palacios. La vendeuse n'avait pas voulu qu'elle paye ses bottes. Elle se sentait mal. Elle sentait que de ne pas payer ses bottes était comme un paiement pour la nuit qu'elle avait passée avec Bill. Alors elle décida de ne pas les prendre.Elle devait l'oublier maintenant et se concentrer sur le poste de vétérinaire qu'elle voulait. Arrivée au ranch, Willy lui arrangea un rendez-vous avec Jordon qui n'aspirait qu'à trouver un remplaçant pour pouvoir prendre sa retraite en paix. Au retour de Mia de son entrevue avec Jordon, Willy l'attendait.

— Venez, Martha nous apportera du café, nous allons nous installer dans le salon. J'aimerais savoir si vous avez pris votre décision.

— Oui Willy. Je suis de plus en plus intéressée. Les jours prochains, je devrai visiter quelques ranchs avec Jordon. Le seul problème que nous avons pu constater est un endroit pour habiter par ici.

— Vous n'avez pas de problème avec ça Mia, vous pouvez habiter ici.

— Je ne peux pas rester ici toujours Willy. Vous avez votre vie, votre famille et vous avez besoin de votre intimité familiale.

— Mia, tu veux bien qu'on se tutoie?

Mia resta figée. Bill lui avait demandé la même chose hier pour ensuite s'éveiller seul. Il l'avait laissé tomber.

— Mia, ça va bien?

— Oh! Oui, désolé Willy. Certainement nous devons nous tutoyer.

— Bon, premièrement il n'y a aucun logement pour vous dans les environs. Même aucune maison n'est à vendre. Deuxièmement, si tu ne te sens pas bien d'habiter avec quatre hommes, je pourrais te faire monter un pavillon sur notre terre.

— Tant de problème pour vous. Il doit bien y avoir un sous-sol quelque part par ici à louer?

— Un sous-sol, non. Un pavillon qui restera toujours ma propriété est beaucoup plus averti. Et imagine Mia comment cela me rassurerait d'avoir un vétérinaire chez moi. C'est un très gros avantage pour moi. Le pavillon ne sera jamais une perte pour moi, Bill et Caleb voudront certainement l'utiliser si tu pars. Même que je dirais qu'ils seront jaloux.

Ils rirent tous les deux.

— Très bien si tu le dis Willy. Laisse-moi faire quelques visites de plus avec Jordon et je vais t'en reparler.

— Merveilleux. Tu viens faire une promenade à cheval avec moi?

— Avec grand plaisir.

Ils se rendirent à l'écurie. Willy avait déjà demandé qu'on prépare les chevaux.

— Vous avez quel âge Mia?

— Trente-quatre ans.

— Vos parents, où habitent-ils?

— Mon père est décédé il y a déjà douze ans et ma mère l'an passé. Quand ils m'ont eu, ils étaient déjà très âgés.

— Vous avez un petit ami qui viendra avec vous?

— Non…non. ''Juste un beau Bill qui ne semblait pas vouloir de moi plus d'un soir''. J'en avais un. Il y a six mois que j'ai décidé qu'après quatre ans de cohabitation, cela ne fonctionnerait jamais. Les deux dernières années, il était devenu alcoolique et pour lui il n'avait pas de problème.

— C'est très malheureux pour lui, car j'ai l'impression qu'il n'a pas réalisé la chance qu'il avait de t'avoir.

— Merci Willy.

— Venez. Nous allons laisser les chevaux avec Sam. Il s'en occupera.

Une semaine plus tard, Willy était tout excité quand elle arriva au ranch.

— Venez Mia, les garçons sont tous là ce week-end. J'ai hâte de vous présenter Billy. Il a réussi à être partenaire majoritaire dans une multinationale. Il travaille beaucoup, c'est un très bon garçon.

— Tu es très fier de tes garçons et tu as bien raison de l'être. Caleb et Cliff sont merveilleux

Il lui sourit.

— Ça se voit tant que ça?

Elle lui sourit et le prit par le bras pour se laisser conduire par Willy. Il était heureux comme un enfant qui venait de recevoir un jouet. Mia se sentit un peu mal à l'aise. Elle voyait bien qu'il avait des attentes avec cette rencontre.

— Ah! Voilà papa et son vétérinaire préféré qui viennent vers la maison.

Caleb sauta sur ses pieds et alla à leur rencontre.

— Il en fait un saut celui-là pour la vétérinaire!

Billy laissa aller un long soupir. Il ne se sentait pas particulièrement d'humeur à rencontrer leur vétérinaire.

— Caleb, je suis si contente de te voir.
— Hé moi donc. Je suis revenu avec mon grognon de frère aujourd'hui juste parce que tu étais là. Le trajet a été d'une vraie torture.

Mia sourit et le serra dans ses bras.

— Qu'est-ce qu'il a à être grognon?
— Ah! Ah! Ah! Il est sorti avec une dame et il est rentré très tard dans la nuit. Je crois qu'elle là soit lessivé physiquement ou psychologiquement? Pas moyen de savoir.

Mia partit d'un fou rire.

— Ah Caleb! Tu es terrible. S'il fallait qu'il t'entendre. Il est si bon pour toi mon garçon. Y'a que toi qui peut décrire la chose comme cela.

Willy fit de gros yeux à Caleb pour lui inculper le respect envers son frère. Cliff était déjà à les attendre à la porte.

— Bonjour Mia. Bonjour papa. Vous êtes allez faire une randonnée?
— Oui, il fait si beau.
— Tu es allé à cheval papa?
— Oui, c'est la deuxième fois avec Mia.

Les garçons restèrent surpris que leur père soit retourné à cheval. Billy les écoutait du salon, il n'avait toujours pas bougé de son siège.

— ''Elle fait des miracles leur petite vétérinaire. Papa n'est pas retourné à cheval depuis que maman est décédée. Il remonte à cheval pour impressionner mademoiselle la vet. Cliff et Caleb semblent aussi tout en émoi devant elle. Désolé mademoiselle, mais moi je ne marcherai pas dans vos combines de séductions. Quand elle entrera dans le salon, je vais laisser mes fesses exactement où ils sont''.
— Cliff, comment va Fanny?

— Bien, elle viendra nous rejoindre ce soir.

— Super. J'ai bien hâte de la revoir.

Ils se dirigèrent tous vers le salon. Willy semblait tendu. Caleb chuchota à l'oreille de Mia.

— Aujourd'hui il est grognon, mais Dieu merci, il n'est pas souvent comme cela.

— ''Ah! Ça y'est, ils arrivent avec leur princesse. Je vais devoir lui faire un beau sourire pour ne pas vexer papa. Ensuite je m'excuserai pour mon travail. J'irai voir Brent, il sera bien meilleur compagnie qu'eux pour ce soir. Ah! Elle tutoie papa!''

Mia resta figée dans l'ouverture du salon. Caleb se heurta sur elle.

— Oh! Désolé Mia.

— ''C'est Bill…Billy, c'est Bill. Ah non!''

Billy leva les yeux et laisse tomber son journal.

— ''Mia''

Le temps avait gelé autour d'eux. Ils se regardaient dans les yeux sans pouvoir dire un mot.

— Mia!

— Vous vous connaissez?

— C'est toi Billy?

— Oui, c'est moi Billy. Toi, pourquoi n'as-tu pas dit que tu venais ici?

Tous les deux se dévorèrent du regard maintenant et ignoraient les autres. Willy fit signe à Caleb et Cliff de se retirer. Ils retournèrent à la cuisine.

— Ils se connaissent c'est sure. C'est peut-être la fille de Dallas.

— Elle était à Dallas pour quelques jours avant de venir ici.

— C'est beau, j'ai l'impression que nous allons avoir deux grognons maintenant. Ce n'est pas bon signe ça papa pour notre vétérinaire.

Billy et Mia allaient bon train dans leur discussion. Ils chuchotaient maintenant.

— Pourquoi es-tu parti dans la nuit? Sans me laisser un mot, rien.

— C'était préférable pour nous deux.

— Voilà la raison je ne voulais pas de ton cadeau. Je voulais payer mes bottes, je ne voulais sentir que j'étais payée pour coucher avec toi.

Billy se leva et partit en claquant la porte. Mia alla directement dans sa chambre. Caleb leva la tête et ouvrit de grands yeux.

— C'était bien elle qui l'a mise grognon cette semaine.

— Je comprends maintenant quand tu disais psychologique.

Cliff partit à rire.

— Notre intouchable petit Billy en amour.

— Tout ne semble pas gagné de ce côté Cliff.

Mia revient un peu plus tard dans la cuisine et demanda de parler à Willy en privé.

— Oui, vient nous allons aller dans le bureau.

— Willy, je dois vous dire que j'ai connu Bill, plutôt Billy à Dallas lors de l'achat de mes bottes. Nous nous sommes rencontrés à nouveau il y a trois jours.

— C'est bien. Mais pourquoi êtes-vous fâchés tous les deux?

— Désolé Willy, mais je n'entrerai pas dans les détails et je partirai demain à la première heure.

— Non Mia. Ne fait pas ça. Les choses vont probablement s'arranger. Je vais parler à Billy.

— Écoute Willy. Ton garçon était très surpris et très fâché de me trouver ici. Alors j'irai à l'hôtel demain et si je prends le travail de vétérinaire dans votre région, je louerai quelque chose ou un chambre jusqu'à ce que je trouve. Je suis désolé et je n'ai pas pris ma décision finale encore.

— Très bien Mia. Je suis aussi désolé. J'aime beaucoup ta compagnie et je souhaite que cet incident n'affecte pas ta décision et notre amitié.

— Non Willy, je t'aime beaucoup et j'adore aussi ta compagnie. J'aime ta famille, mais pour l'instant, je dois prendre mes distances pour quelque temps. Je ne dînerai pas avec vous ce soir.

— Tu sors?

— Non, je n'ai tout simplement pas d'appétit.

— Je dirai à Caleb de te monter ton repas.

— Merci.

Mia se retira dans sa chambre. Elle prit un long bain pour essayer de se calmer. Elle laissa aller ses larmes. Pourquoi Billy lui faisait tant de tourments? Elle avait l'impression d'avoir perdu une famille à nouveau.

Billy était allé au bar passer sa rage, mais il ne but que deux whiskys. Il retourna au ranch tard dans la nuit. Il était toujours fâché contre Mia. Il était si peiné qu'elle pensait qu'il avait voulu la payer avec les bottes. Quand il passa devant sa porte de chambre, il arrêta. Il devait lui dire qu'il n'avait jamais payé une femme pour coucher avec lui. C'était une insulte pour lui. En plus, son corps réagissait quand il était à proximité d'elle. Il frappa doucement à sa porte. Elle vient immédiatement lui ouvrit pour ne pas éveiller les autres.

— Salut.

— Salut. Je peux entrer. Je crois que nous devons discuter.

— Non Billy. Je serai parti du ranch demain à la première heure.

— Non Mia, nous devons parler.

Mia se résigna et l'invita à s'asseoir sur le canapé.

— Très bien. Je te donne une minute. ''Ah merde! Qu'il est attirant habillé comme cela''.

Billy avait des jeans serrés aux fesses et une chemise à carreaux avec son stetson sur la tête et naturellement, ses jolies bottes de cowboy. Mia réalisa qu'elle le dévorait des yeux.

— Je vais commencer par m'excuser pour la façon que j'ai réagi en te voyant ici et en réalisant que tu étais la vétérinaire que ma famille ne cesse de vénérer.

— Tu exagères un peu.

— Non, crois-moi. Je vais devoir aussi m'excuser auprès de mon père pour avoir fait cela dans sa maison. Aussi, il y a quelque chose qui m'a vraiment frappé. Mon père n'était pas retourné à cheval depuis que ma mère est décédée d'une chute à cheval…et il y est retourné avec toi.

— Désolé pour ta mère, je ne savais pas.

— Tu n'as pas à être désolé. Pour finir Mia, je n'ai jamais payé une femme pour coucher avec moi.

Mia rougit violemment.

— ''Non, comment j'ai pu penser ça, avec une beauté pareille je peux imaginer qu'elles te tombent toutes dans les bras. Tout comme moi d'ailleurs. Comme j'ai pu être si imbécile''. Je m'excuse pour ça.

— Tu aurais dû prendre tes bottes, elles sont à toi. Je te les ai données parce que…tu m'attirais, c'est tout. Elles sont à toi Mia.

Il ne put résister plus longtemps. Il la prit par les épaules et l'embrassa violemment puis il s'écarta pour pouvoir la regarder pour lui parler. Il voulait voir sa réaction.

— Mia.

— Oui.

— J'ai...j'ai...hum. Je ne le sais plus, je ne sais pas comment te dire ça. Mon père, il est si différent quand tu es là. Mes frères m'en ont parlé.

Mia arqua les sourcils.

— Que veux-tu dire Billy?

— Je ne sais pas. Cliff me disait qu'il était prêt à t'héberger ou te faire un pavillon. J'ai...j'ai...

Il se tut et reprit son baiser. Il commença à faire reculer Mia tout en l'embrassant. Ils se dirigeaient vers le lit.

— Pas ici Billy, on va nous entendre.

— On le fera en silence. Je ne pensais pas non plus faire l'amour dans la maison de mon père, mais je ne peux te résister Mia, j'ai besoin de toi maintenant.

Elle aussi, elle avait besoin de lui. Son corps se refusait à repousser Billy, elle voulait plutôt l'attirer encore plus près d'elle.

— Billy.

— Hum.

— Qu'est-ce que tu voulais me dire pour ton père?

— Laisse tomber Mia.

— Non, je veux savoir.

—

Elle leva la tête vers lui. Elle le regardait droit dans les yeux.

— Dis-moi Billy.

Son visage s'était refermé.

— Est-ce qu'il s'est passé quelque chose entre mon père et toi?

Mia se repoussa de Billy. Elle grimaçait.

— Quoi? Mais de quoi parles-tu?

— Quelque chose d'intime.

— Tu couches avec moi et tu veux coucher à nouveau avec moi avec ton père à quelques portes et tu crois que je pourrais faire une chose pareille. Tu es ignoble Billy. Tu es malade. Jamais Billy, jamais. Va-t'en, sors de ma chambre.

— Peut-être que c'est mon père qui a quelques sentiments à ton égard.

Elle pleurait et le poussa littéralement hors du lit avec ses pieds. Elle lui fit signe de prendre la porte. Il sortit pour se rendre à sa propre chambre. Elle regarda son chapeau qui était resté là. Ses larmes redoublèrent d'intensité. Mia se leva très tôt, avant le lever du soleil. Elle n'avait pas dormi. Elle prépara ses bagages et s'aperçu que Billy avait aussi laissé sa chemise par terre. Elle la prit et l'enserra dans ses bagages. Après avoir séché ses larmes à nouveau, elle écrivit une note à Willy.

Bonjour Willy, quand vous trouverez cette note, je serai partie. Je crois avoir bouleversé votre famille sans m'en rendre compte et ce n'est certainement pas mon intention. Willy, si je vous ai donné une mauvaise impression sur notre amitié, veuillez m'en excuser. Je ne vous aime pas d'amour, mais bien d'amitié. Il est préférable pour tous que je disparaisse à tout.
Amitié, Mia

Elle partit avant que le soleil soit levé. Elle se dirigea directement dans le premier aéroport et prit le premier vol pour New York. Arrivée chez elle, elle se doucha, mit la chemise de Billy et pleura toutes les larmes de son corps. Elle l'aimait. Comment n'avait-elle pas pu voir que Willy avait d'autres sentiments pour elle? Il était si âgé, jamais elle n'aurait cru ça de lui. Pourtant cela n'avait pas manqué de frapper Billy. Mais Cliff et Caleb ne semblaient pas croire cela eux, à moins que cela ne leur fût égal.

— J'ai détruit une famille unie par ma négligence.

Deux jours plus tard, elle était toujours à pleurer, dormir et mal se nourrir. Elle se leva ce matin-là et décida de trouver une autre région campagnarde où ils auraient besoin de vétérinaire. Elle allait s'y installer et ne laisser personne l'approcher pour détruire son rêve de nouveau. Elle s'installa à son ordinateur et commença ses recherches.

Willy se leva et il trouva la note de Mia au bas de sa porte de chambre. Il la lut et ne comprenait pas pourquoi Mia parlait d'amour pour lui et non d'amitié. Il partit d'un trait vers la chambre de Billy. Caleb sursauta dans son lit.

— Bordel de merde!

Il ouvrit la porte de la chambre avec fracas.

— Billy, qu'est-ce que c'est que cette merde?

Caleb et Cliff sortirent de leur chambre au même moment. Leur père ne se fâchait jamais. Il discutait, mais jamais il ne s'était fâché après eux.

— Papa, calme-toi.
— Billy, je t'attends à la cuisine et ne me fait surtout pas attendre mon garçon.

Cliff regarda Billy d'un air surpris.

— Qu'est-ce que tu lui as fait? Tu sais bien que ce n'est pas bon pour son âge Billy.

Les trois garçons étaient maintenant assis à la table de la cuisine avec leur père. Willy lança la lettre à Billy.

— Regarde cette lettre et explique-moi en vitesse ce que cela veut dire Billy.

Les larmes montèrent aux yeux de Billy. Qu'avait-il fait? Elle était partie et son père était fâché comme il ne l'avait jamais vu avant aujourd'hui. Comment allait-il faire pour dire ce qu'il avait pensé à son père? Il devait trouver une échappatoire. Mais quoi?

— Que sais-t-il passé entre vous deux pour que Mia pense cela? Les garçons vous ai-je donné l'impression que je lui courrais après?

Cliff faillit s'étouffer sur son café et Caleb en avait la bouche bée.

— Non papa. Qu'est-ce qui te fait croire ça? Tu la maternais plus tôt comme ta fille je dirais et la dernière fois qu'elle nous avait rendu visite, tu envoyais toujours Caleb pour s'occuper d'elle.

— Comme ma fille oui, mais certainement pas d'aucune autre façon.

Willy, Cliff et Caleb regardèrent Billy qui n'avait toujours pas réussi à dire un mot. Il avait un sérieux nœud dans la gorge qui l'en empêchait.

— Alors mon garçon, tu peux m'aider à comprendre cette note de Mia.

— ''J'ai complètement merdé''.

— Alors!

Billy fit signe que non encore une fois en mettant sa main vis-à-vis de son père en signe de protestation pour qu'il n'insiste plus. Il aurait voulu effacer cette partie de sa vie, mais il savait très bien que cela prendrait beaucoup de temps.

— Papa, elle l'a affecté très profondément, mais je crois que lui aussi. Ils se sont détruits mutuellement.

Billy serra les dents et lui fît de gros yeux. Cliff prit Caleb par le coudre pour le diriger hors de la vue de son frère. Billy semblait sur le point d'exploser.

— Non, mais tu es malade de dire une chose pareille dans une situation comme celle-ci. Tu vois bien que tous les deux sont très affectés. Je croyais que Billy voulait te sauter sur le dos. Allons plus tôt voir si nous pouvons trouver le numéro de téléphone de Mia pour nous excuser pour Billy et lui dire que papa n'a jamais d'autre affection pour elle que comme sa fille.

Billy resta seul avec son père. À trente-cinq ans, il avait enfin trouvé celle qu'il aimait et il l'avait éloigné aussitôt. Willy le regarda et il lui parla très doucement, il voyait que Billy avait réellement de la peine et non de la haine pour elle.

— Billy…tu dois m'expliquer. Je ne comprends vraiment pas pourquoi à la minute où vous vous êtes vus au salon que tout a basculé. Que sais-t-il passé?

Willy avait posé une main sur l'épaule de Billy et lui donnait des petites tapes affectueuses comme s'il avait encore cinq ans et qu'il le consolait d'une peine. C'était le cas, il avait une peine, mais l'affection de son père ne pouvait lui faire oublier. Il releva la tête vers son père.

— Désolé papa. Tout ça est de ma faute.

— Explique-moi tu veux? J'ai l'intention de communiquer avec elle. Mais avant, je dois comprendre et prendre une décision à savoir si je dois ou non la contacter.

— J'ai été un crétin d'imbécile papa.

— Oui, ça je l'ai déjà constaté Billy. Pourquoi? Qu'est-ce qui t'a poussé à faire cela?

— C'est difficile à dire.

— Dis-moi quand même bordel de merde. Mia semble penser que je l'aimais d'amour. Pourquoi?

— Tu avais beaucoup changé depuis que tu l'avais rencontré et…

— C'est bien toi qui pensais ça et non elle, c'est ça Billy?

Billy baissa les yeux.

— Oui papa.

— Je l'aime bien, mais plus tôt comme ma fille Billy. J'ai soixante-douze ans. Qu'est-ce qui t'a fait croire ça à toi?

— J'ai déjà dit que je ne le savais pas…mais, tu n'avais plus fait de cheval depuis que maman est décédée et là tu en faisais de nouveau avec elle. Pourtant nous avions essayé nous tes fils à te redonner le goût de remonter à cheval.

— J'avais tellement hâte que la rencontre. J'étais certain qu'elle ferait une femme merveilleuse, mais pour toi Billy. J'espérais que tu en tombes amoureux.

Billy sentit ses larmes couler sur ses joues.

— Papa, je l'aime. Qu'est-ce que j'ai fait? Je ne pourrai jamais réparer ce que j'ai fait. Elle ne voudra pas me pardonner une chose pareille.

Cliff revenait au même moment.

— L'un de vous aurait le nom de famille de notre belle Mia.

Billy se passa une main sur la figure et regarda son frère.

— Mia Wall de New York.

— Bien.

— Elle a laissé son numéro Cliff, il est dans le tiroir de droite.

— Merci papa. Vous permettez tous les deux que je communique avec elle pour m'assurer qu'elle va bien?

Tous deux firent signe que oui.

— Que vas-tu faire Billy?

— Rien. Je ne peux rien faire papa. Ce que je lui ai fait est irréparable.

— Si tu l'aimes vraiment comme je le crois, elle t'aime aussi, je pouvais le ressentir dans ses paroles hier et je le ressens dans sa lettre. Tu dois essayer de te faire pardonner mon fils.

Willy vit les cotes de son fils et un gros bleu y apparaissait.

— Qu'est-ce que c'est que ça? Tu t'es bagarré Billy?

— Non, pas exactement. Après avoir demandé à Mia quels étaient ses sentiments pour toi, elle m'a poussé hors de son lit avec ses pieds.

Willy arqua les sourcils.

— Faut croire que je l'ai bien mérité.

— Ça, je te l'accorde. Bon, nous allons essayer d'établir un plan.

— Un plan!

— Oui un plan. Nous devons la reconquérir. Toi pour son amour et moi pour un vétérinaire.

Mia avait encore une semaine complète de vacances. Ses recherches n'avaient rien donné. Elle décida de se mettre à la recherche d'un hôtel de luxe à la campagne ou dans les montagnes pour relaxer, se faire masser et pouvoir rester seule avec ses pensées.

Elle partit la même journée pour le Canada. Il y avait un hôtel rêvé dans les rocheuses situé près de Vancouver. Une ville qu'elle avait toujours rêvé de visiter. Arrivée sur place, elle prit une réservation pour un massage complet, une pédicure, une couple de cheveux et une randonnée dans les rocheuses pour le lendemain. Le jour d'après, elle allait faire les magasins du centre-ville de Vancouver. Tout était organisé avec l'hôtel.

Cliff de son côté, avait su qu'elle avait bien pris l'avion pour retourner chez elle. Que son cabinet annonçait qu'elle ne serait pas de retour avant encore une semaine et que tous ses rendez-vous pouvaient être faits par son remplaçant. Elle ne répondait pas à son téléphone chez-elle et ni sur son téléphone portable.

Ils se retrouvèrent tous autour de la table quelques jours plus tard pour faire le point sur leurs recherches.

— Caleb qu'est-ce que tu as trouvé?

— Elle ne répond à aucun appel.

— De mon côté moi, j'ai trouvé qu'elle appartient son cabinet à New York, elle a deux employées, une amie, une maison, une voiture et elle n'a plus du tout de famille, lorsque sa mère est décédée l'an dernier, elle lui a laissé une jolie fortune.

— ''Alors elle n'était pas ici pour l'argent non plus''. Arrêtez de chercher comme cela dans sa vie privée.

— Oui hé bien moi j'ai demandé à un collègue de New York de me rendre un petit service et il ira voir si elle est chez-elle. Si elle n'y est pas, il ira rendre une petite visite à son cabinet.

Billy ne dormait plus, son père l'avait pardonné, mais lui-même ne pouvait se pardonner de l'avoir blessé.

L'ami de Cliff lui avait donné des nouvelles. Il savait de par les voisins qu'elle n'était pas chez elle. Elle était partie en taxi avec des bagages. Alors il attendait l'appel d'un autre ami pour savoir si elle avait prit un vol et si oui, lequel. Il allait tenir Cliff au courant à la minute où il aurait plus d'information.

— Tu viens à la vente?
— Allez Billy, viens.

Billy regardait défiler les chevaux devant ses yeux, mais il ne les voyait pas vraiment. Caleb le frappa dans les côtes.

— Regarde-moi cette jument. Achète-lui.
— Hein!

Willy et Cliff les regardaient.

— Achète-lui sa jument et quand tu la verras, tu lui montreras la photo. Elle va adore Billy, j'en suis certain. Elle est en amour avec nos chevaux, si tu l'avais vu avec les chevaux, tu comprendrais. Fais-moi confiance pour une fois Billy.

— Mais qu'est-ce que tu veux qu'elle fasse d'une jument à New York?

— Tu n'es pas très optimiste. Tu la gardes au ranch et tu lui apportes la photo. Tu lui dis que la jument l'attend et que toi aussi tu l'attends. Mais elle est folle des chevaux.

— ''Je ne l'ai même pas vu monter''.

— Caleb a raison Billy. Fais-lui confiance. Tu augmenteras tes chances de beaucoup.

Il sortit de cette journée avec une jument et aucun plan à savoir comment il était pour s'y prendre.

— Cliff.

— Oui.

— Est-ce que tu peux essayer de savoir quand elle revient chez elle?

— C'est facile Billy. Son cabinet dit qu'elle sera de retour lundi. Alors si tu vas chez elle dimanche et qu'elle n'est pas là, elle arrivera à coût sure durant la journée.

Billy prit l'avion dimanche matin pour New York. Cliff lui avait eu son adresse et celle de son cabinet. Il alla s'installer à l'hôtel et prit un taxi pour chez elle ensuite.

— Vous pourriez arrêter un endroit où je pourrais acheter des fleurs?

— Oui monsieur. Sans problème.

Aucune réponse chez Mia. Il s'installa dans les escaliers avec son bouquet de roses rouges et la photo de sa jument. Trois heures plus tard, Mia n'était toujours pas arrivée. Son téléphone cellulaire sonna.

— Bill à l'appareil.

— Salut frérot. Je n'avais toujours pas de nouvelles de toi alors j'ai vérifié réussit à savoir à quelle heure elle arrivait.

— Et?

— Ella a décalé son vol d'une semaine et son cabinet indique maintenant qu'elle prend quelques mois de congé de plus.

— Quoi? Quelques mois et si elle décidait de rester où elle est et s'y installer? Je ne pourrai jamais attendre une autre semaine Cliff. Ça me rend fou, je t'assure. Je dois la retrouver, je sais qu'elle m'aime aussi.

— Bon, alors tu sais qu'il y a certaines restrictions en étant shérif donc je ne peux abuser pour mon usage personnel. J'ai donc engagé un détective privé pour faire certaines recherches.

— Je vais le payer Cliff. Dis-lui de trouver exactement où elle est débarquée. Je vais revenir à la maison entre-temps et j'irai la voir là-bas.

— Très bien. On t'attend.

Billy prit un avion pour Dallas, il alla chercher les bottes que Mia avait laissées. Ensuite, il reprit un vol privé pour chez lui pour faire plus vite.

— Salut, j'ai toute l'information dont tu as besoin. Désolé, je viens à peine de la recevoir.

— Très bien. Où est-elle exactement?

— À Vancouver, elle est au Canada. Elle est dans un hôtel reconnu pour la détente. Depuis qu'elle est là, elle a pris des massages, une manucure, une nouvelle coiffure, fais les magasins et elle a aussi visité Vancouver et les rocheuses. Depuis deux jours cependant, elle n'est pas sortie de sa chambre. Elle commande ses repas, mais elle n'en a mangé qu'un par jour.

Billy arqua les sourcils.

— Non Billy, elle est toujours seule. As-tu ton passeport en règle?

— Oui et je vais l'utiliser. Si elle m'envoie promener, je l'aurai mérité, mais au moins, j'aurai essayé.

— Super. Réserve ton avion et une chambre à cet hôtel.

Il prit l'avion en direction de Vancouver le lendemain matin. Arrivée à l'hôtel, il alla déposer ses valises à sa chambre, se doucha pour ensuite se rendre à la réception pour demander qu'on lui livre une douzaine de roses rouges le plus vite possible. Il se sentit nerveux de se savoir enfin tout près d'elle. Le moment de vérité arrivait à grands pas. Après avoir reçu les roses, il prit la photo de sa jument et se dirigea vers la chambre de Mia. Après plusieurs tentatives, toujours pas de réponse. Il apporta les roses dans sa chambre et retourna à la réception pour essayer de savoir où elle pouvait être. Personne ne pouvait l'informer.

— Cliff, est-ce que ton détective est encore sur place? Elle n'est pas à sa chambre et personne ici ne peut me renseigner.

— Oui il est encore là. Je te rappelle.

Billy avait peur qu'elle soit partie sur un coup de tête.

— Elle a loué une voiture pour la journée et elle a toujours sa réservation pour ce soir alors calme-toi un peu. Elle revient pour dormir à l'hôtel.

— Très bien. Merci Cliff.

— De rien. C'est à toi que ça va coûter.

— L'argent n'est pas un problème, elle oui.

— Bonne chance. Tu es près du but.

Billy alla de temps en temps frapper à sa porte. Il décida de descendre à l'étage central voir les boutiques et se prendre quelque chose à se mettre sous la dent.

Il regardait les vitrines jusqu'à ce qu'il arrive à une petite bijouterie.

— ''Lui demander de m'épouser, c'est ce que je dois faire. Ah mon Dieu! Elle me rend fou cette femme''.

Ses pas le dirigèrent à l'intérieur.

— Bonjour monsieur. Je peux vous aider?

— Hum…oui…pourriez-vous me montrer vos bagues de fiançailles?

— Certainement. Venez par ici. Nous venons de recevoir celle-ci, elle est des plus magnifiques que j'ai vu. Elle fait partie de la collection Bridge of diamonds.

— Elle est vraiment belle. Elle sera parfaite pour elle.

Mia passa devant la boutique au même moment où Billy venait de dire ces paroles.

— ''Billy! Qu'est-ce qu'il fait là? Ah non! Il m'a bien eu, il se fiance''.

— Je vais prendre la bague.

Elle remonta directement à sa chambre. Elle pleurait de nouveau. Il avait joué avec elle. En plus de penser qu'elle avait séduit son vieux père. Il avait déjà quelqu'un dans sa vie''. Elle prépara ses bagages de nouveau. Elle prit la chemise de Billy qu'elle portait maintenant chaque nuit et elle la déchira et la lança par terre.

On frappait à la porte. Elle s'essuya les yeux et alla ouvrir. C'était probablement le garçon d'étage qu'elle avait appelé pour prendre ses bagages. Elle ouvrit et fit face à Billy avec ses roses et son gros sourire. Il l'avait probablement vu en bas et voulait sauver les apparences.

— Qu'est-ce que tu veux…m'entretenir et garder ta femme en plus?

— Mia, mais que dis-tu? Je n'ai pas de femme. Je ne suis pas marié.

Il poussa délicatement Mia pour pouvoir entrer dans la chambre. Il referma la porte derrière lui.

— Mia, je te cherche depuis que tu es partie de chez moi. J'ai su que tu étais ici et je suis venu te rejoindre pour que nous puissions discuter.

— Pour me dire que tu vas te marier et quoi encore. M'accuser d'une autre faute.

— Oui c'est vrai que je vais me marier, je l'espère au moins.

Mia lui donna une claque bien placée sur la joue.

— Aïl! Tu es vraiment la première femme qui ose me frapper et l'autre jour, je le méritais je l'avoue, mais là non.

Les larmes de Mia coulaient sur ses joues de plus en plus.

— Tu…tu…viens…me dire que tu…vas te… marier. Pourquoi…me tort..ures-tu comme cela?

On frappa de nouveau à la porte. Elle ouvrit comme un éclair et indiqua au garçon d'étage de prendre ses valises immédiatement.

— Non, non. Revenez plus tard. Nous avons besoin de parler avant.

Le garçon s'apprêtait à repartir quand Mia le rappela.

— Billy, sort de ma chambre où je ferai demander la sécurité.
— Alors demande la sécurité, cela me donnera le temps nécessaire que j'ai besoin.

Le garçon d'étage se pinça les lèvres pour ne pas sourire. Il avait de plus en plus de peine à garder son sérieux. Billy n'avait plus de choix. Il sortit le boîtier et se mit sur un genou et ouvrit celui-ci.

— Mia, veux-tu m'épouser?

Elle resta bouche bée. Le garçon d'étage remit les bagages par terre et sortit.

— Moi?

— Oui, qui d'autre. Tu es la seule que j'aime Mia et la seule dans ma vie. Aussi mon père m'a expliqué qu'il ne t'aimait que comme sa fille et qu'il était impatient que nous nous rencontrions, car il voulait de toi comme belle-fille. Sauras-tu me pardonner ma chérie?

Mia essaya les larmes sur ses joues et lui sourit.

— La bague que tu viens d'acheter, elle était pour moi?

— Oui. Alors tu m'as vu…et tu as pensé que j'étais ici avec une autre femme?

— Oui. La bague d'une beauté à couper le souffle.

— Quand je l'ai vu, je me suis dit qu'elle t'irait à merveille pour une femme aussi merveilleuse que toi.

— C'est de la folie Billy. Nous ne nous connaissons à peine.

— Je te connais beaucoup à travers Mia la vétérinaire que ma famille vénère depuis déjà trois mois. Ma famille t'adore Mia et moi je suis certain de mes sentiments. J'ai cru devenir fou après t'avoir demandé cette stupidité. Plus les jours passaient et plus tu me manquais dramatiquement. Je t'aime Mia. Mais y'a quand même une des deux Mia qui a tendance à me mal traiter.

Mia se mordit la lèvre. Il se leva, lui prit la main et la regarda dans les yeux tout en lui répétant doucement qu'il l'aimait.

— Tu veux bien m'épouser et je promets de ne plus être l'imbécile que j'ai été.

— C'était vraiment pour moi cette bague?

Elle lui sauta au cou et l'embrassa jusqu'à ne plus avoir de souffle.

— Et les roses sont aussi pour toi.

Il l'embrassa de nouveau. Il prit la bague, lança le boîtier et lui mit la bague au doigt sans jamais cesser de l'embrasser.

Les larmes de Mia recommencèrent à couler. Elle n'aurait jamais pu l'oublier lui et sa famille. Ils firent l'amour jusqu'à ce que le téléphone cellulaire de Billy n'arrête plus de sonner.

— Oui.

— C'est Cliff, ça va?

— Oui très bien, je te rappelle plus tard.

Il ferma le téléphone. Quelques heures plus tard, le téléphone de la chambre se mit à sonner. Mia répondit.

— Bonjour Mademoiselle Wall. Vous n'êtes pas descendu plutôt avec le garçon d'étage et nous nous demandions si vous partiez toujours.

— Ah non! Je ne pars plus.

Elle regarda Billy.

— Dis-lui que tu libères ta chambre et que tu viens dans la mienne. Chambre 505.

— Je vais libérer ma chambre et je serai avec M.Mills dans la chambre 505.

— C'est très bien Mademoiselle.

Elle referma le combiné et regarda Billy. Il était vraiment près d'elle, elle ne rêvait pas. Elle était dans ses bras et sur le point de devenir sa femme.

— Tu veux prendre une douche avec moi?

— Hum.

Ils firent l'amour dans la douche pour ensuite se préparer et changer les bagages de chambre.

— Je t'invite ce soir?

— Où donc?

— Sur notre terrasse pour souper.

Il avait déjà passé la commande pour un souper exotique. On frappa à la porte.

— C'est le souper, je vais répondre. Tu peux t'installer sur la terrasse.

Ils restèrent deux jours dans la suite sans vouloir en ressortir. Ils faisaient l'amour à en plus finir. Au bout du deuxième jour, Billy décida d'ouvrir son téléphone cellulaire. Il avait une douzaine de messages donc quatre de Cliff.

— Salut Cliff. Qu'est-ce qu'il y a?

— Tu oses me demander ça? Non, mais tu aurais pu me rappeler avant non.

— J'avais fermé mon téléphone cellulaire.

Mia sourit et en faisant la grimace.

— Mia va bien? Tout va bien entre vous deux?

— Oui, elle va très bien et tout va très bien entre nous deux.

— Merveilleux. Dis-lui que nous la saluons

— Ils te saluent.

— Moi aussi. Je les embrasse.

— J'ai hâte de la revoir.

— J'ai compris.

— Oui. Papa dit de la ramener au ranch.

— Très bien, si elle est d'accord.

— D'accord pour quoi Billy?

— Papa veut que je te ramène au ranch.

Mia fit signe que oui.

— Nous arriverons demain.

— Très bien. Mais il y a autre chose Billy que je dois te dire.

Billy fronça les sourcils et éveilla le doute dans le regard de Mia.

— Quoi?

— Jordon a été trouvé mort dans sa maison. C'est son cœur qui a lâché.

— Ah! Je vais le mentionner à Mia. Au revoir.

— À demain.

Mia regarda Billy avec un air inquiet.

— Qui a-t-il?

— C'est Jordon, il est mort, son cœur a lâché.

Il la prit dans ses bras et l'embrassa doucement.

— Tu sais que j'ai demandé à une femme de m'épouser et que deux jours plus tard, je n'ai toujours pas de réponse.

Mia souriait. Elle chuchota dans son oreille avant de lui mordiller.

— Oui, oui, oui. Je mourrais sans toi à mes côtés.

Ils refirent l'amour toute la nuit comme si leurs vies en dépendaient. Billy dut éteindre son téléphone cellulaire à nouveau pour le rallumer que le lendemain. Installés dans l'avion, ils discutèrent de leur avenir.

— Tu sais Mia, mon père va me mettre de la pression pour que tu sois le vétérinaire du comté, mais ne te sens pas obligé d'accepter. Tu ne seras pas obligé de travailler après notre mariage.

— Billy, j'ai assez d'argent moi-même pour ne jamais travailler de ma vie. Je travaille par choix. Mon métier me fascine.

Billy se rappela tout à coup la jument qu'il avait complètement oubliée.

— Ah Mia! J'ai complètement oublié ta jument.

— Ma jument?

— Oui, regarde cette photo. C'est Caleb qui me l'a fait acheter. Il a dit que je pourrais te reconquérir à coup sûr en t'achetant une jument. Je suis fier de moi, car je n'ai pas eu besoin de la jument pour ça.

— Elle est adorable. Elle est au ranch.

— Oui, elle t'attend. Aussi, je suis très content d'apprendre que tu ne m'épouses pas juste pour mon argent. J'en ai aussi comme toi. Assez pour ne jamais travailler de ma vie.

— Parfait. Je crois que si tu veux vivre dans la région, j'accepterais le poste.

— Mia, ma vie est dans cette région. Tu veux des enfants?

Mia se mit à sourire ce qui fit sourire Billy à son tour.

— Oui, plein de petits cowboys.

Billy riait maintenant à gorge déployée.

— Alors, je t'en ferai plein.

Il l'embrassa et la garda dans ses bras ensuite.

— Mais j'y pense. Le logement que tu as acheté à Dallas, c'était pour t'y établir?

— Certainement pas. J'adore être au ranch. Le logement est plus pour Caleb le temps qu'il finisse son université et pour moi quand je dois m'y rendre pour mon travail. Mais ne t'inquiète pas, je vais arranger cela pour être avec toi le plus souvent possible.

— Je peux aussi arranger mes horaires de travail pour aller avec toi à Dallas quelques fois. Faire les magasins, m'acheter des bottes et voir si mon bel inconnu y est.

— Petite coquine. Tu sais que j'ai même tes bottes dans mes bagages. Je crois que j'ai tellement été distrait que j'en ai oublié tout.

Ils sourirent et s'embrassèrent.

— Tu me le diras, je vais m'assurer d'y être.

Cliff, Caleb et Willy les attendaient à l'aéroport. Willy avait les larmes aux yeux en l'accueillant.

— Tu es comme ma fille ma belle Mia, ne l'oublies jamais mon enfant.

— Bon, allons-y et gardons les émotions pour plus tard vous deux.

— Tu as peur de montrer tes émotions toi maintenant.

— Ferme là papa.

— Vient Mia, la voiture est par là. Laisse-moi prendre ton sac. Billy n'est déjà plus galant avec toi. Ce n'est pas trop gentleman ça.

— Merci Caleb. T'as toujours le don de m'épier on dirait et de me prendre en défaut.

Mia fit un clin d'œil à Billy. Tous riaient. Arrivée au ranch, ils passèrent tous au salon.

— Willy, je voulais vous dire à quel point j'étais désolée pour votre ami et j'ai décidé de prendre le poste vacant.

— Merveilleux. Est-ce que vous allez vous installer dans la maison le temps que je fais votre pavillon?

Mia et Billy se regardèrent. Il l'enleva des bras de son père pour la prendre dans les siens.

— Non papa. Mia s'installe dans ma chambre jusqu'à ce que notre maison soit prête.

— Alors je retourne à mon point de départ.

Tous la regardèrent sans comprendre.

— Je retourne dans la chambre de Billy. Aussi pour votre information messieurs, je trouve que vous auriez déjà dû voir que j'avais une bague au doigt.

Tous riaient et parlaient en même temps. Billy serra Mia plus fort dans ses bras quand il vit que ses frères et son père se dirigeaient vers eux pour les enlacer.

— Je t'aime futur madame Mills.
— Je t'aime aussi Billy Mills.

Caleb admirait la bague avec adoration. Willy plissait les yeux et Cliff avait des questions pour son frère.

— Vous n'avez pas sauté d'étape là?
— Non Cliff, on ne restera pas deux ans fiancés sans avoir encore une date de mariage en vu.
— Le message est passé. Merci

Billy embrassa Mia de nouveau. Willy se sentit soudain seul. Cliff et Billy allaient partir bientôt et Caleb était à Dallas pour son école. Cliff regarda son père.

— Papa, ne t'inquiète pas. Nous ne te laisserons pas seul.

Billy regarda Mia et son père.

— Tu sais papa j'ai assez d'argent pour m'acheter un ranch, mais je me sens très bien ici avec vous tous. Mia, que dirais-tu si nous construisions notre maison ici sur le ranch? Nous pourrions la faire construire de l'autre côté de l'écurie.

— Je serais la femme la plus heureuse.

— Et moi le beau-frère le plus heureux.

— Moi, je voulais vous dire que je pensais faire la même chose quand Fanny et moi construirons notre maison.

— Moi papa, je reste ici et je reviendrai chaque fois que je le pourrai. Billy, est-ce que l'outil de séduction que je t'ai fait acheter a fonctionné?

Mia et Billy se mirent à rire.

— Je n'en ai pas eu besoin, elle m'aimait déjà.

— Mais la jument est quand même à moi seule. Allons la voir à l'écurie.

Ils partirent tous pour l'écurie. Mia en tomba amoureuse à la minute où elle la vit.

— Tu me connais bien Caleb. Merci pour lu avoir forcé la main.

— Comment vas-tu la nommer?

— Rockies, parce que c'est dans les rocheuses que tu m'as demandé en mariage.

— Bon choix. Elle nous rappellera toujours notre union.

Billy se frotta la joue.

— Malgré qu'elle va aussi me rappeler autre chose.

Mia se colla à lui et se cacha le visage dans son cou. Billy lui donna une bise sur la tête et décrit l'épisode de la claque en pleine figure que Mia lui avait donnée parce qu'elle pensait qu'il était sur le point d'en épouser une autre, car elle l'avait vu acheter la bague.

— Tu es certain de vouloir épouser cette femme? L'ecchymose sur les côtes et maintenant la gifle.

— L'ecchymose, mais je ne t'ai pas fait d'ecchymose toi.

— Oui, quand tu m'as poussé hors du lit.

Mia rougit.

— Oh! Mais tu l'avais bien mérité.

— J'acquiesce. Je vais devoir faire attention pour ne pas refaire l'imbécile.

— Bon, les enfants, quand allez-vous vous marier?

Billy regarda Mia.

— Le plutôt possible et si Mia le veut bien, j'aimerais que notre mariage soit célébré ici même, au ranch.

— Ce sera parfait pour moi ça.

— Qui aurait cru que tu me marierais avant moi. Alors que diriez-vous d'une double noce…si Fanny le veut bien naturellement?

— Elle va accepter, ça fait deux ans qu'elle t'attend Cliff.

— Toi je jeunot, comment peux-tu savoir cela?

— Ça se voit dans vos regards à tous les deux.

— Et toi Billy, comment savais-tu que Mia était pour t'épouser après lui avoir avoué que tu n'étais pas là pour épouser une autre femme.

— Hum, je savais puisque j'ai vu qu'elle avait mis en lambeau ma chemise qu'elle m'avait prise avant de partir d'ici.

— Outch! Tu avais vu ça toi?

— Oui outch. Tu l'as mise en lambeau et je l'ai vu dans les poubelles.

— Bon. Je te dois une chemise. Je l'aimais en plus. Mais je n'en ai plus besoin maintenant.

Cliff alla trouver Fanny pour discuter de leur mariage, leur maison et leurs enfants à savoir si elle en voulait. Fanny était heureuse. Enfin Cliff s'était décidé.

Fanny et Mia préparèrent leurs mariages et les garçons étaient très occupés du côté des constructions.

Le double mariage fût célébré. Tout se passait à merveille. Pour leurs voyages de noces, chaque couple alla de leur côté et s'assura que Caleb resterait avec Willy. Ils revinrent tous pour Noël.

Les maisons étant terminées, ils s'installèrent dans leur maison et Mia avait son cabinet r'attaché à l'écurie. Billy avait établi son bureau principal chez lui et avait engagé Fanny comme assistante.

Tous se retrouvaient chaque matin à l'écurie pour s'occuper des chevaux et faire une promenade à cheval. Mia faisait une inspection rapide sur chaque cheval le matin et leur donnait un sucre à chacun.

— Tu leur donnes un sucre tous les matins à ce que je peux voir.

— Mais oui, ils le méritent. Ils sont gentils avec moi.

— Je vois pourquoi ils t'aiment tant. Même le vieux grognon qui appartient à papa.

Ils entendirent une voiture arriver et se retournèrent.

— Oh! Venez, j'ai un cadeau pour toi Billy et aussi pour Fanny et Cliff. Si vous les voulez, bien sûr.

Mia dit bonjour au visiteur et ouvrit la portière arrière de la voiture. Deux chiots, des Border Coller en sortirent.

— Et voilà!

Cliff en prit un pour l'examiner et Billy s'empara de l'autre. Comme elle remercia le conducteur, Willy annonça.

— Vous en avez un autre comme celle-ci?

— Non désolé. Ce sont les derniers.

— Willy, Billy et moi avons un plus beau cadeau pour vous.

Willy salua le visiteur et se rapprocha de Mia.

— Et qu'est-ce que c'est?

Ils allèrent tous à l'arrière de l'écurie.

— Une charrette!

— Oui Willy, nous savons tous que tu adores tes promenades à cheval, mais que c'est devenu de plus en plus difficile. Alors nous avons pensé que cela règlerait le problème pour toi et aussi pour moi.

— Pour toi?

— Oui, je ne pourrai plus faire de promenade à cheval pour la prochaine année.

Fanny mit ses mains sur sa bouche en s'exclamant. Willy souriait, mais Billy et Cliff ne semblaient pas bien comprendre.

— Les garçons, Mia ne peut pas faire de cheval dans sa condition.

Billy comprit et serra Mia dans ses bras.

— C'est merveilleux ma chérie. Je t'aime. Mais ce n'est pas à moi et à moi seul que tu aurais dû apprendre cette nouvelle. Cliff, je vais être papa.

— Tous mes félicitations à vous deux petit frère. Je suis vraiment content pour toi.

Willy avait mis son orgueil de côté et accepta la charrette avec joie. Miriam arriva parmi eux en octobre. Cliff et Fanny attardaient aussi un enfant, alors Willy amenait Fanny et Miriam faire la promenade chaque matin.

— Billy, tu sais ce que j'aimerais.
— Hum, non je croyais que nous avions tout.
— Non pas tout à fait. Avec l'argent de mes parents, j'aimerais bien agrandir l'élevage de chevaux. J'aimerais avec des chevaux arabes plus exactement. Ils sont très recherchés, tu sais.
— C'est une très bonne idée que tu as là. Mais pour l'instant je ne suis qu'intéressé à tes lèvres qui ont le goût de miel, ils me rendent fou.

Il l'embrassa tendrement et langoureusement.

— Tu sais que tu es un pervers toi.
— Hum, je crois que tu ne peux pas utiliser ce mot pour ton époux. Et si c'est le cas, hé bien c'est de ta faute, car je suis comme cela depuis que je suis avec toi.
— Au moins Willy m'a écouté lui, il est bien d'accord pour qu'on utilise ses terres.

— Tu vois. C'était déjà réglé. On peut passer à mon projet maintenant.

— Non, j'ai autre chose à te dire.

— Hum.

— Je vois devoir me remettre aux promenades en charrette.

Billy fit un pas en arrière pour pouvoir bien regarder sa femme dans les yeux et lui fit son plus grand sourire.

— Je t'aime toi ma femme.

Mia mit son projet à exécution et elle avait maintenant huit chevaux de plus.

— Mia, tu as fait entrer dans ce ranch les plus beaux chevaux.

— Merci. Moi je pensais à quelque chose de semblable en vous voyant ce matin.

Willy arqua les sourcils.

— Hein! Quoi donc?

— Willy, tu as fait entrer dans ce ranch les plus beaux hommes.

Willy riait aux éclats. Il ne s'attendait pas du tout à ça.

— Oui, je les aime aussi ceux-là.

Caleb qui avait Miriam dans les bras, ainsi que Cliff et Billy s'approchaient d'eux. Willy et Mia les regardaient.

— Qu'est-ce qu'il y a de si drôle ici?

Ils ne répondirent pas à Billy et continuèrent leur discussion.

— Ils m'en ont fait voir de toutes les couleurs par contre.

— Ils ont dû être très durs à dompter?

— Tu me le dis. Toutes les filles du village pleurnichaient.

Les garçons partirent à rire et Billy attrapa Mia par la taille et planta sa bouche dans son cou.

— Discussion houleuse pour l'heure matinale que nous sommes, madame Mills.

— Nous parlions de chevaux pur sang et dure à dompter.

— Tu es la plus vilaine que je connais toi. Je t'aime.

Il lui prit la main et l'entraina derrière lui.

— Vient Mia, nous allons à cheval ce matin. Cliff et Caleb ont promis de prendre soin des chevaux ce matin.

Mia tira sur sa main pour qu'il s'arrête.

— Tu as déjà oublié ce que je t'ai dit hier soir?
— Ah non! J'avais oublié l'implication, mais pas ce que tu m'as dit. Alors, allons annoncer la nouvelle et ensuite nous irons faire du cheval dans notre chambre.

Mia sourit. Ils annoncèrent la nouvelle et Mia finit par partir en promenade avec Willy, Fanny et Miriam.

— Mia mon enfant, je voulais te dire merci, merci d'avoir fait revivre ce ranch…et Billy aussi.

Trouvez-les, ils sont là

Mon bel amour
Le Prince Aja envoûté par Danna
Ogan Mezzo que rien n'arrête trouvera les amours
de sa vie
 La redoutable Zoé Mezzo devant la défaite…et
l'amour
 Zack Mezzo, le beau charmeur chevauche avec
l'amour
 Emmanuël Mezzo face à son secret
 Michaël Mezzo tourmenté par ses amours
La famille Mezzo : L'intégral
L'amour interdit de Magalie
Amoureuse de son sauveur
Le cadeau de Gabriella
Un cowboy pour Mia
Mon ange gardien sexuel
Deux mois d'amour, une vie de passion
Mon oiseau volage d'amour
Annie taquine l'amour de sa vie
Destinée à lui
Alyssa, tu es mienne, eres mías